Sei ein Mädchen!

Raimund Frey • Jochen Till

Sei ein Mädchen!

TULIPAN VERLAG

Mädchen sind hübsch.

Mädchen sind wohlerzogen.

Mädchen mögen Puppen.

Mädchen können nicht rocken.

Mädchen können nicht klettern.

Mädchen sind ordentlich.

Mädchen sind rosa.

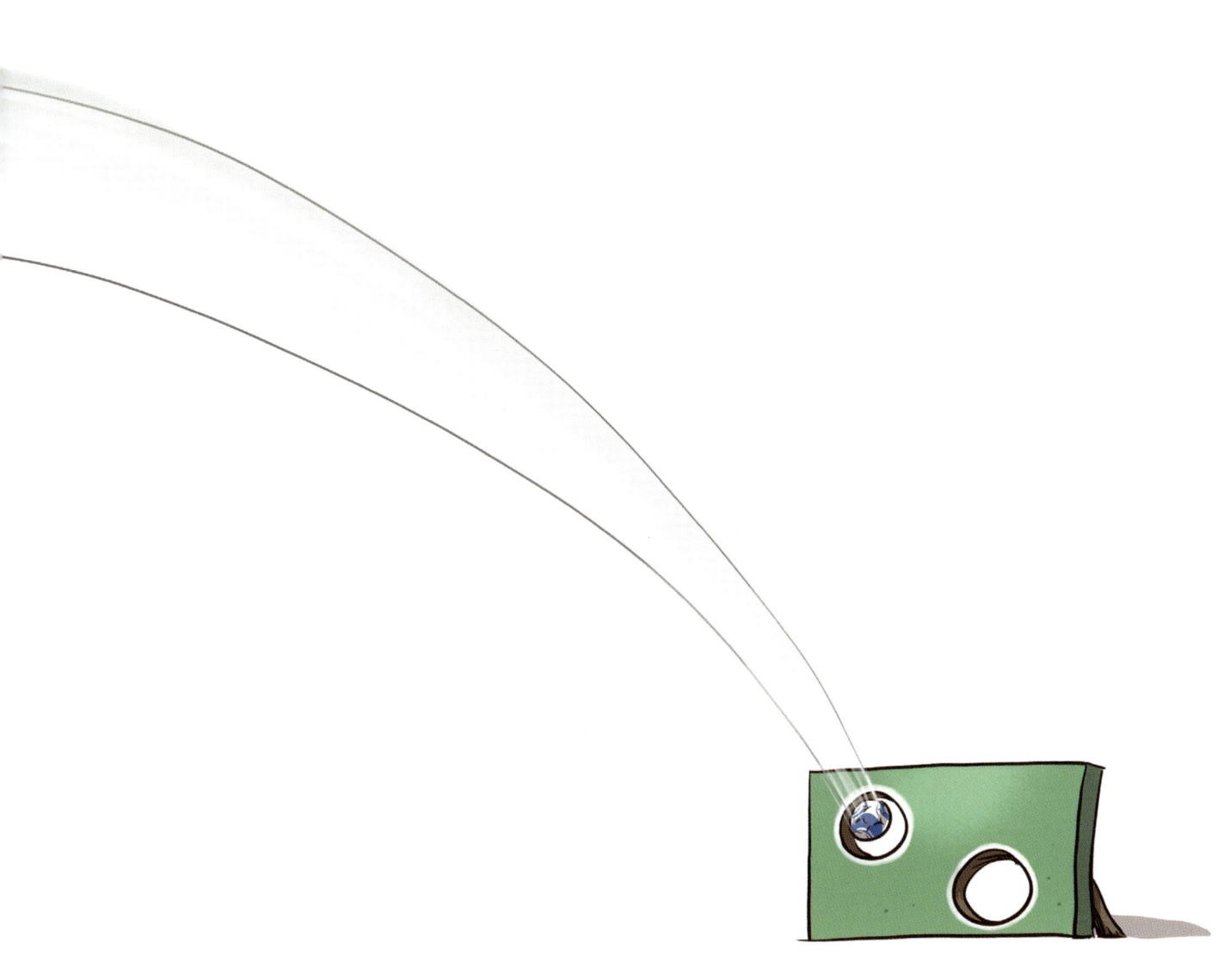

Mädchen können nicht kicken.

Mädchen lieben Pferde.

Mädchen können kochen.

Mädchen sind Prinzessinnen.

Mädchen gehen gern shoppen.

Mädchen können kein Mathe.

Mädchen sind ängstlich.

Mädchen wollen heiraten.

Mädchen können nicht kämpfen.

Mädchen verstehen nichts von Technik.

Mädchen haben lange Haare.

Mädchen können nicht logisch denken.

Mädchen sind keine Handwerker.

Mädchen sind lieb.

Mädchen sind nicht lustig.

Mädchen machen sich nicht dreckig.

Mädchen lieben Schuhe.

Mädchen stehen auf Jungs.

Mädchen sind schwach.

Raimund Frey, geboren 1982, studierte Kommunikationsdesign an der FH Mainz und arbeitet seit 2008 als freischaffender Illustrator für Unternehmen, Agenturen, Buch- und Spieleverlage.

Jochen Till wurde 1966 in Frankfurt am Main geboren. In der Schule war er nicht besonders fleißig und träumte von einer Karriere als Rockstar, bis ihn irgendwann eine Muse küsste, die ihn zum Schreiben inspirierte.

Besucht uns auf ⬜ Facebook und ⬜ Instagram!

TULIPAN-Newsletter
Tolle Lesetipps kostenlos per E-Mail!
www.tulipan-verlag.de

© Tulipan Verlag GmbH, München 2019
2. Auflage 2020
Idee, Konzept, Text: Raimund Frey und Jochen Till
Bilder: Raimund Frey
Dieses Werk wurde vermittelt durch die Agentur Brauer
Layout und Satz: Tulipan Verlag, Stephanie Raubach
Druck: Firmengruppe APPL, aprinta druck GmbH, Wemding
ISBN 978-3-86429-445-7